AF509311

RÉPONSE

A

L'ARTICLE VARIÉTÉ

OU LETTRE

DE M. DUPONT DE NEMOURS,

AUX AUTEURS

DU JOURNAL DE PARIS.

1791

RÉPONSE

A

L'ARTICLE VARIÉTÉ,

OU LETTRE

DE M. DUPONT DE NEMOURS,

Aux Auteurs du Journal de Paris,

Insérée dans le Supplément au Journal de Paris, N°. 127.

Fecit indignatio versum.

L'ARME du ridicule avoit toujours été regardée comme la plus efficace : sans être obligé d'appeler *un Chat un chat, et Rollet un frippon ;* on châtioit fort bien un homme de mauvaise foj ; l'on imposoit silence à un bredouilleur.

A

Mais avoir espéré que ce genre de châtiment opéreroit l'amendement d'un économiste, c'est s'être flatté de faire impression sur la peau coriasse de *l'onagre* du désert avec une *badine* de nos petits-maîtres : M. Dupont de Nemours en fournit la preuve.

Il avoit rendu public, par la voie de l'impression, au mois de Juin dernier, un *Projet d'instructions pour les Colonies, relativement aux Décrets des* 13 *et* 15 *Mai*, vrai recueil de déraisons, d'absurdités et de noirceurs.

Je fis jouer *la badine :* sous le déguisement d'un écolier âgé de 13 ans, je commentai le projet d'instruction, avec ce ton de sarcasme qui n'enlève à la critique rien de sa justesse et de sa sévérité ; mon persifflage resta sans replique, et je crus à la sensibilité de M. Dupont : quelle erreur ! Déconcerté par le Décret du 24 Septembre 1791, il couvoit dans ses entrailles l'humeur vénéneuse, jusqu'à ce que l'occasion se présentât de la distiller à coup sûr. En étoit-il une plus propice à ce barbare dessein ? La révolte des Nègres exerce à Saint-Domingue toutes les horreurs imaginables ; la plus riche partie de cette superbe Colonie est en proie au fer et aux flammes ; un très-grand nombre de Colons est massacré, presque tous sont ruinés. Voilà le moment ; M. Dupont reparoît.

Mais avant qu'une juste indignation déploie contre lui toute son énergie ; prouvons, par le récit fidèle de quelques faits, combien nous devions peu soupçonner qu'il osât rentrer en lice.

Tout ce que l'intrigue peut suggérer de moyens pour jouer un rôle dans l'affaire des Colonies, M. Dupont l'a tenté.

Tout ce qu'un homme peut endurer de mépris et d'humiliations, le Comité Colonial de l'Assemblée constituante, et l'Assemblée constituante elle-même, l'ont fait subir à M. Dupont. Faut-il des preuves ? On se pique d'autant plus d'en fournir, que M. Dupont n'en fournit aucune à l'appui de ses assertions : les voici.

Nous venons de dire que M. Dupont avoit fabriqué des instructions pour les Colonies en Juin dernier : son projet tendoit à un double but ; 1°. d'énerver le Décret du 13 Mai, relatif aux personnes non-libres et tout à la convenance des Colonies : 2°. de renforcer, au contraire, la malignité du Décret du 15 Mai.

Mais pour faire passer ce projet d'instructions, il falloit avoir accès au Comité Colonial et y paroître en force : cela ne fut pas difficile ; les nouvelles élections et la distribution de presque tous les emplois qui sont à la nomination de la multitude, prouvent que l'intrigue des pervers et leur tenace opiniâtreté prévalent toujours sur la contenance modeste et tranquille de ceux qui désireroient d'être placés, uniquement pour faire le bien.

Le Comité Colonial étoit composé de douze membres ; il fut, à la réquisition de M. Dupont et autres ennemis des Colonies, porté à dix-huit, et parmi les six d'augmentation, cinq des plus acharnés opinans contre les Colons, furent nommés.

MM. de Tracy, Larochefoucault, Castellanet, Périsse-du-Luc, Pierre Mosneron.

M. Dupont de Nemours se réserva, pour forger dans son repaire, le poignard que ses cinq satellites s'étoient proposé de faire adopter au Comité Colonial, puis à l'Assemblée Nationale, sous ce titre spécieux de *Projet d'Instructions*.

Qu'en est-il résulté ? Je l'ai déjà dit ; *le dédain et le mépris*. Les cinq champions, véritables eunuques *noirs*, au milieu du sérail, trop ignorans, trop impuissans pour produire

(5)

rien qui vaille sur ce qui concerne les Colonies, dépourvus des tribunes salariées pour appuyer leurs clabauderies, ne trouvant dans cet ancien Comité, fort en principes et en instruction, que des pièces authentiques qui fulminoient leurs mensonges, les cinq champions, dis-je, ont été forcés de déguerpir. Après trois ou quatre séances au Comité Colonial, s'appercevant qu'ils ne pouvoient pas nuire à la bonne cause, ils se sont démis lâchement de l'emploi qu'ils n'avoient obtenu que par intrigue. Quant au projet d'instructions, l'analyse du poison dans lequel ce stilet de M. Dupont avoit été trempé, fut bientôt faite ; l'artifice grossier d'*une métamorphose de l'esclavage des Nègres en minorité prolongée*, étoit une mine trop aisée à éventer : au Comité Colonial, les juges de M. Dupont et de son système ont aisément dévoilé, qu'en feignant d'embrasser la cause des gens de Couleur, le but étoit d'établir un moyen de décréter bientôt la liberté des Nègres.

Le projet d'instruction fut rejetté au Comité Colonial *comme attentatoire au décret du 13 Mai, et comme recélant des machinations destructives des Colonies.*

A 3

M. Dupont néanmoins ne s'en tint pas à cette proscription. Celui qui ne vit que pour faire le mal, a cette confiance, disons mieux, a cette impudence qu'aucun échec ne déconcerte.

La presse gémit dans son attelier. Un torrent d'exemplaires du projet imprimé se répandit par-tout, et principalement dans l'Assemblée Nationale.

Qu'en résulta-t-il ? Le public ne lut pas le projet, et l'Assemblée Constituante, à l'instar de son Comité Colonial, dévoua l'ouvrage et son auteur au mépris du silence.

Tel est, en raccourci, la carrière coloniale que M. Dupont a parcourue dans ses travaux législatifs (1). Qui eût pu soupçonner que des échecs si humilians ne contiendroient pas sa plume ?

Il rentre en lice ; mais toujours, en astucieux athlète, les routes obliques sont celles qu'il préfère.

Nous venons de voir que dans son projet d'instruction, il s'étoit servi du prétexte des gens de Couleur, et que, par sa *minorité prolongée*, il avoit élaboré *un moyen de liberté pour les Nègres*. Ici, M. Dupont a l'air d'attaquer, *en face*, M. Roustan, et de fait

______

(1) Vide *la Note instructive.*

ce sont les Colons qu'il assassine *par derrière.*

Ce seroit commettre une injustice contre M. Roustan que de lui supposer le besoin d'un second pour repousser les calomnies qui lui sont personnelles. Par son silence, peut-être imitera-t-il l'Assemblée Constituante et son Comité Colonial. D'ailleurs, l'importante mission dont il est chargé ne lui permet pas de soutenir une discussion polémique contre un libelliste.

Pour moi, Créole, Colon, et ruiné par la révolte des Nègres, je défendrai du moins les restes de ma Patrie, des derniers excès de la fureur de M. Dupont, qui n'a plus de prise sur mes propriétés dévastées.

On ne sait, en vérité, ce qui doit le plus étonner en M. Dupont, de sa familiarité avec le mensonge, ou de son ineptie : c'est cette dernière qualité que je démasquerai d'abord. Qui pourroit, en effet, concevoir l'étrange abus qu'il fait des mots *négociation* et *traité direct ?*

De ce que M. Roustan, nommé Commissaire par l'Assemblée Générale de Saint-Domingue, a été vers les Etats-Unis d'Amérique pour y négocier des secours urgens contre l'incendie, le massacre et la disette de subsistances (démarche on ne peut pas plus légitime), M. Dupont en *conclut que cette Colonie , visant à l'indépendance , a négocié avec les Etats - Unis , pour se livrer à eux.*

M. Dupont ignore donc que les Etats-Unis ne sont pas proprement *une Puissance ;* qu'ils n'ont pas de *marine militaire ,* point d'armée, point de *population sur-abondante.*

Il ignore que, sans toutes ces qualités réunies , sans une marine militaire sur-tout , il est de toute impossibilité de devenir , *par un traité direct ,* puissance protectrice d'une immense Colonie, comme celle de Saint-Domingue.

A ce trait d'ineptie, l'étroit génie de M. Dupont, en joint un autre qui tient manifestement de la mauvaise foi.

Il ose comparer « les départemens du Rhin » ou du Nord, demandant des troupes, aux » gouverneurs des Pays-Bas , pour appaiser » des troubles qui surviendroient dans ces villes » frontieres »—*A Saint-Domingue, demandant des secours aux États-Unis.*

Mais, M. Dupont, soyez au moins géographe. Seroit-il bien possible que vous ignorassiez que Saint-Domingue est à 1800 lieues de la France et seulement à 300 de l'Amérique septentrionale ?

Vous savez du moins que les départemens du Rhin et du Nord font partie, *physiquement intégrante*, du Royaume. Comment comparez-vous donc ces deux objets ? Autant il seroit impatriotique aux villes de Douai, Lille, Calais, Valenciennes d'invoquer l'assistance des Pays-Bas Autrichiens, au lieu de s'adresser à l'Assemblée Nationale et au Roi, *pour appaiser des troubles dans leur intérieur*, autant il l'eût été à la Colonie de Saint-Domingue de ne pas recourir à ses plus proches voisins, aux plus prompts secours, pour sauver *à la France* une Colonie qui produit la principale branche de ses richesses.

Dernier suppôt d'une secte qui a tant nui à l'agriculture, et au commerce des grains dans ce royaume ! lorsque vos sanguinaires projets, lorsque votre prétendue philosophie aiguise le fer, attise le feu, pour exterminer les derniers débris de cette colonie si nécessaire à la propriété de la Nation ! Entendez donc les cris d'inquiétude du commerce. Sa banqueroute totale est inévitable si les Etats-Unis, ou toute autre nation étrangère, n'ont pas devancé les trop tardifs secours *dont vous cherchez à différer encore l'envoi :* et c'est dans cet état d'anxiété (présage presque infaillible de la ruine de la Patrie), que M. Dupont, ose encore élever sa voix, pour peindre, comme des traîtres, ceux qui implorent de leurs voisins.... Quoi? *Les moyens de rendre à la France, ce que des sectaires Français, lui ont fait perdre!*

Eh bien! philosophe inepte, vous qui vous targuez de *n'adopter aucun parti, que celui de la constitution!* apprenez par l'organe d'un homme, qui, sans avoir été comme vous, membre de l'Assemblée constituante, en a saisi l'esprit, autant que vous le défigurés, apprenez que la constitution constate, à chaque peuple, le droit de s'attacher au gouvernement qui respecte la vie et les propriétés des Citoyens. Ecoutez les vérités que M. Dumorier a puisées dans la constitution. (1)

« Ce qui me reste à dire sera hardi peut-

____

(1) Adresse à l'Assemblée Nationale, contre la motion faite par M. *Guadet*, relative à l'état politique des gens de couleur, et contre toute autre motion tendante à altérer le Décret du 24 Septembre 1791, par M. Dumorier, chef du secrétariat du Comité Colonial à l'Assemblée constituante, se vend chez P. F. Didot, le jeune.

» être, mais je suis Citoyen Français; il m'est
» permis de manifester ma pensée. Les quatre-
» vingt-trois Départemens Européens, qui ont
» contracté ensemble la Constitution Fran-
» çaise, ce pacte social *réciproquement obli-*
» *gatoire*, sont maintenant tellement liés
» ensemble par cet acte, et tellement en-
» gagés à l'observer, qu'aucun d'eux, tant
» que le pacte social s'exécutera, ne peut se
» détacher du corps politique pour s'en rendre
» indépendant, ou pour s'unir ailleurs: mais,
» si la Nation avoit l'insigne mauvaise foi
» de rompre ce pacte social, à l'égard d'un,
» ou de plusieurs Départemens; si la Nation
» *brisoit les rapports politiques* de l'union
» commune, ces Départemens, gémissant de
» ce qu'une Nation, la plus sage dans le tra-
» vail de sa constitution, seroit devenue la
» plus perfide en y dérogeant, auroient ac-
» quis, par l'infraction du pacte social, le
» droit d'une existence indépendante, ou de
» leur réunion à tout autre peuple de l'U-
» nivers ».

A quelle application ces vérités ne donnent-
elles pas lieu, quand des Décrets des 13 et 15
Mai 1791 *qui prononcent définitivement sur
l'état des personnes dans les Colonies,* on

se reporte aux Décrets du 8 Mars et du 12 Octobre 1790 (1)?

L'infraction au pacte social, la violation des principes décrétés, sont-elles assés constatées, par ce rapprochement? Mais suivons M. Dumorier.

« Eh bien! Ce qu'est la Constitution Fran-
» çaise, relativement aux quatre-vingt-trois
» Départemens d'Europe, *l'acte Constitu-*
» *tionnel* du 24 Septembre l'est, entre la
» France Européenne et les Colonies Fran-
» çaises, d'Asie, d'Afrique et d'Amérique. Le
« pacte social est-il observé? Si elles veu-
» lent se désunir, contenez-les; développez
» votre puissance; vengez la foi trahie: tous
» les peuples du monde, toutes les généra-
» rations des siècles, vous approuveront. ▬

---

(1) L'Assemblée Nationale déclare : » qu'elle
» n'entend point comprendre les Colonies dans la
» constitution qu'elle a décrétée pour le Royaume ;
» ni les *assujettir à des lois incompatibles, avec leurs*
» *convenances locales* «. (Décret du 8 Mars).

» L'Assemblée Nationale déclare la *ferme* volonté
» de ne prononcer sur l'état des personnes dans les
» Colonies, que *d'après la demande expresse et for-*
» *melle* des assemblées *coloniales* «. (Décret du
12 Octobre).

» Mais si la Nation commet l'infraction; si,
» par elle, l'acte d'union est violé! je verrais,
» de sa part, plus que la foi trahie, parce
» qu'elle a la force de son côté. Je dirai à
» la France qu'elle *n'a plus de Colonies,*
» *que par le fait ; de droit !* Ses Colonies
» deviennent indépendantes. Je dirai à la
» France qu'elle a plus fait, en un jour,
» pour perdre ses Colonies, que l'Angleterre
» ne fit, durant un siècle de domination,
» pour aliéner les Colonies qu'elle a perdues.
» Nous aurons donné, *à toutes les puis-*
» *sances de la terre,* plus de sujets de venger
» nos Colonies, que la France, l'Espagne
» et la Hollande, n'en ont jamais eu pour
» seconder la scission des Anglo-Américains».

Telles sont les conséquences qui se dé-
duisent naturellement, des bases de la constitution Française. Revenons aux applica-
tions; il y en a de plus d'un genre à faire.

Je demande d'abord à M. Dupont, qui
donc, de la Colonie ou de la Nation, enfreint l'acte d'union, le pacte social ?

Cette question, à laquelle il trouvera dif-
ficilement une solution favorable à son système, doit être précédée de quelques autres.

La France nous a-t-elle conquis ? — *Non.*

(14)

Des traités, ou quelque pacte d'alliance et de famille, nous ont-ils concédés à cette puissance ? — *Non.*

Sommes nous tellement attenans à son territoire, que nous fournissions le prétexte d'une enclave indiquée par la Nature?— *Non.*

Dans ce dernier cas même, ne seroit-ce pas une usurpation ? *à fortiori* lorsqu'un vaste océan nous sépare, et lorsque le climat et les productions du sol nous différencient à l'infini ; lorsqu'enfin des droits *respectifs et par conséquent réciproques*, peuvent seuls nous unir, nous rendre dépendans, *mais dépendans l'un de l'autre, avec la plus parfaite égalité ; mais dépendans,* vous ! *par la nécessité de nous protéger uniquement,* et nous ! *par celle de payer cette protection, avec nos richesses.*

Depuis plus d'un siècle, nous remplissons cette dernière tâche surabondamment: pour prouver indubitablement notre intention de persévérer, nous sommes venus vous *forcer,* pour ainsi dire, à nous comprendre au nombre des Représentans de la Nation (1).

____

(1) Ce n'est pas le lieu, ni le cas, d'examiner si cette provocation a été impolitique de la part des

Où donc est l'infraction de notre part ?

Examinons maintenant si de la part de la Nation, le traité respectif d'union, est également intact.

J'ai prouvé ci-dessus le contraire, en rapprochant les Décrets des 8 Mars et 12 Octobre 1790, de celui du 15 Mai 1791, *décrets entre lesquels il y a des contradictions révoltantes:* mais la preuve la plus complette, que le Décret du 15 Mai, étoit une infraction au pacte social, c'est que *ceux mêmes qui l'ont rendu, l'ont frappé de nullité,* quatre mois après.

Cependant c'est ce Décret du 15 Mai, qui a été l'étendard de la révolte. Tous les actes publics et officiels en font foi : aucun d'eux ne dépose que les Nègres se soient d'eux-mêmes livrés à l'insurrection, sous le prétexte de la liberté ; tous attestent que les Citoyens de couleur, dans la province du Nord, Théâtre de la révolte, ne se sont ral-

____

Colons. Je persiste à croire que nos maux auroient été plus prompts et fondés sur des Décrets mieux articulés, si les Colonies n'avoient eu, pour représentans, que de cés commissaires qui ne parlent qu'accidentellement à la barre, et qui ne sont pas *là* pour parler quand il le faut. Mais *n'importe.*

liés aux Blancs, qu'en réclamant l'exécution du Décret du 15 Mai , et sous la promesse faite par l'Assemblée Coloniale, et par M. de Blanchelande, que *ce Décret seroit mis à éxécution, quand il seroit parvenu officiellement* : ce Décret est donc la cause manifeste de la ruine de la Colonie : la Nation qui l'a rendu est donc infractaire du pacte d'union.

Cette vérité étant solidement posée sur les bases de la constitution, toutes les diatribes de M. Dupont, s'écroulent d'elles-mêmes. Quand il seroit vrai, *ce qui n'est pas*, que la mission de M. Roustan, auprès des Etats-Unis, eût eu pour objet un *traité direct de puissance à puissance* , la Nation qui a enfreint la principale Loi d'un acte *spontané d'union; la Nation qui a mis en danger la sûreté individuelle et celle des propriétés,* n'a le droit de juger *les démarches de la Colonie* que pour retirer sa protection. Et n'eût-il pas mieux valu qu'elle eût pris ce parti conséquent, avec ses nouveaux principes, plutôt que celui de tolérer, dans son sein , une société qui la mine elle-même, en détruisant ses Colonies ?

S'il falloit par une comparaison, appuyer

ce

ce que j'avance; je n'irois pas, comme M. Dupont, établir en parallele Saint-Domingue et les Départemens du Nord et du Rhin, relativement au Royaume; je citerois Avignon.

La France, au moment *où elle fonde le Règne de la liberté des peuples*, eut-elle osé démembrer de la souveraineté du Pape, le comtat, si le peuple de cette contrée n'eut réclamé le démembrement ? Encore a-t-il fallu contester au Pape, des droits de propriété constatés par des traités : mais quel droit de cette nature, la France citeroit-elle pour empêcher les Colonies, de traiter avec l'Amérique septentrionale?

Depuis le moment de la révolution, *époque de destruction universelle*, par quelle autre influence, s'est elle fait connoître aux Colonies ? Quand les Avignonois se sont donnés à la France, avoient-ils à reprocher à leur *souverain* ce cri ; *périsse Avignon, plutôt que de sacrifier un de nos principes?* Vous avez cependant favorisé leur défection, et vous oseriez condamner celle des Colons, quand cet horrible cri, parti de la tribune de nos *souverains*, a retenti jusqu'aux extrémités du Royaume, *périssent les Colonies !*

B

Comment M. Dupont se tirera-t-il de cette comparaison ? Avec des sophismes et des mensonges. C'est ainsi, qu'il a cherché à égarer l'opinion du public, relativement au con-*cordat*; démasquons-le encore sur ce point.

1°. M. Dupont affecte de généraliser le concordat ; à l'entendre ce seroit un traité commun a toute la Colonie.

Qui en croire à cet égard , ou de ses assertions qui ne sont appuyées d'aucun titre, ou des adresses de l'Assemblée Coloniale , et de M. de Blanchelande , à l'Assemblée Nationale, et au Roi ? Or, je le répète, l'engagement contracté, par ces deux pouvoirs , envers les mulâtres , se borne à *promettre l'exécution du Décret du 15 Mai, lorsqu'il sera parvenu officiellement.*

Voici maintenant la teneur du *concordat,* qui n'a été passé que dans la seule province de l'Ouest, quelqu'étendue qu'en soit la transcription, il est essentiel de la faire entière pour désabuser le public, sur les mensonges de M. Dupont.

« J'ai en horreur, dit-il, les perfides qui
» implorent des sauveurs, *qui font un con-*
» *cordat avec eux*, et qui veulent le rompre
» dès le premier moment où ils se flattent
» de n'avoir plus besoin d'appui. »

Il s'en suivroit de là, 1°. que *les Co-lons Blancs, sont les auteurs du concordat.* En le lisant, on se convaincra qu'ils n'y ont joué qu'*un rôle passif.* Le mot *accepté* est la seule co-participation qu'ils y aient eue. 2°. *Qu'ils ont voulu le rompre,* ce qui est à prouver. 3°. *Qu'ils n'ont plus besoin d'appui.* Qu'on lise toutes les relations. Cela peut-il seulement se supposer, lorsque tout atteste que la province du Nord, ne présente qu'un amas de cadavres, de décombres et de cendres, lorsque rien n'annonce la rentrée des attelliers révoltés?

Ainsi, trois mensonges dans une phrase.

CONCORDAT

Entre les Citoyens de Couleur, réunis sur la montagne de la Charbonière, où ils ont pris les armes, le 31 Août, et les Citoyens blancs du Port-au-Prince, l'an 1791, et le 11 du mois de Septembre.

ARTICLE PREMIER.

« Les Citoyens Blancs feront cause com-
» mune avec les Citoyens de couleur et con-

» tribueront de toutes leurs forces et de tous
» leurs moyens à *l'exécution littérale* de tous
» les points et articles des décrets et instructions
» de l'Assemblée Nationale, sanctionnés par le
» Roi (1); et ce sans restriction, et sans se
» permettre aucune interprétation, conformé-
» ment à ce qui est prescrit par l'Assemblée
» Nationale, qui défend d'interpréter les
» décrets. (*Accepté*).

A r t. II.

« Les Citoyens blancs promettent et s'obli-
» gent de ne jamais s'opposer ni directement
» ni indirectement *à l'exécution du décret*
» *du* 15 *May dernier*, qui, dit-on, n'est point
» parvenu officiellement dans cette Colonie;
» de protester même contre toutes protesta-
» tions et réclamations contraires au susdit
» Décret; ainsi que contre toute Adresse à
» l'Assemblée Nationale, au Roi, aux 83 Dé-
» partemens et aux Chambres de Commerce
» de France, pour obtenir la révocation de
» ce Décret bienfaisant. (*Accepté*)

---

(1) Si l'on s'en tenoit là, je demande à M. Dupont ce qu'auroient les Citoyens de couleur, d'après
le Décret constitutionel et définitif du 24 Septembre.

A r t. I I I.

» Ont demandé les susdits Citoyens de cou-
» leur la convocation prochaine et l'ouverture
» des Assemblées primaires et Coloniales, par
» tous les Citoyens actifs, aux termes de l'ar-
» ticle IV, des instructions de l'Assemblée
« Nationale, du 28 Mars 1790. (*Accepté*).

A r t. I V.

» De députer directement à l'Assemblée
» Coloniale, et de nommer des Députés choisis
» parmi les Citoyens de Couleur, qui auront,
» comme ceux des Citoyens blancs, voix con-
» sultative et délibérative. . . . (*Accepté.*).

A r t. V.

» Déclarent les susdits Citoyens Blancs et
» de Couleur protester contre toute Munici-
» palité, provisoire ou non, de même contre
» toutes Assemblées Provinciale et Coloniale,
» n'étant point formées sur le mode prescrit
» par les décrets et instructions des 8 et 28
» Mars 1790. . . . *Accepté.*

A r t. V I.

» Demandent les Citoyens de Couleur qu'il
» soit reconnu par les Citoyens Blancs que leur

» *organisation* (1) *présente* , *leurs opé-*
» *rations récentes* et leur prise d'armes, n'ont
» eu pour but et pour motif que leur *sûreté*
» *individuelle* , l'exécution des Décrets de
» l'Assemblée Nationale, *la réclamation de*
» *leurs droits méconnus et violés* , et le desir
» de parvenir, par ce moyen, à la tranquillité
» publique ; qu'en conséquence, ils soient dé-
» clarés *non inculpables* pour les événemens
» qui ont résulté de cette prise d'armes, et
» qu'on ne puisse, dans aucun cas, exercer
» contr'eux , *collectivement* ou *individuel-*
» *lement* aucune action *directe* ou *indi-*
» *recte* , *pour raison de ces mêmes événe-*
» *mens* ; qu'il soit en outre reconnu que leur
» prise d'armes tiendra *jusqu'au moment où*
» *les Décrets de* l'Assemblée Nationale seront
» *ponctuellement* et *formellement exécu-*
» *tés* ; qu'en conséquence, les armes, ca-
» nons et munitions *enlevés* (2) pendant les

---

(1) *Mode prescrit.... organisations.... opérations ré-*
centes, etc. etc. etc. Comme toutes ces expressions,
ce choix de mots soulignés, dénotent la touche des
Grégoire, des Joly, des Brissot ! etc.

(2) *Enlevés !* Voilà un acte de violence avoué par
les Gens-de couleur. Comment **M.** Dupont justi-
fiera-t-il cela legalement !

» combats qui ont eu lieu, resteront en pos-
» session de ceux qui ont eu le *bonheur d'être*
» *vainqueurs* (1) ; que cependant, les pri-
» sonniers, si toutefois il en est, soient remis
» en liberté de part et d'autre. . . *Accepté.*

A R T. V I I.

» Demandent les Citoyens de Couleur que,
» conformément à *la loi* du 11 Février dernier,
» et pour ne laisser aucun doute sur la sin-
» cérité de la réunion prête à s'opérer, toutes
» les proscriptions cessent (2) et soient révo-
» quées dès ce moment ; que toutes les per-
» sonnes proscrites, décrétées, et contre les-

---

(1) Eh bien ! M. Dupont, prétendez-vous encore
que ce n'est point par la force, par le fer et le feu
que les Citoyens de couleur ont triomphé, et ont
obtenu le Concordat ?

(2) *Toutes proscriptions cessent !* Cependant, on
va voir, dans ce même article, ces mêmes citoyens
de couleur, établir un projet de proscription contre
les juges d'Ogé, qu'ils déclarent infâmes et dignes
d'être voués à l'exécration contemporaine et future.

Nota bene. Cette phrase soulignée est *littéralement*
dans la Lettre de l'abbé Grégoire aux Citoyens de
couleur. Au sujet d'Ogé et de son jugement, voilà
la source du Concordat et des mots d'élite qui y
sont employés.

» quelles il seroit intervenu des jugemens ou
» condamnations quelconques, pour raison
» des troubles intervenus dans la Colonie de-
» puis le moment de la révolution, soient
» de suite rappelés et mis sous la protection
» sacrée et immédiate de tous les Citoyens ;
» que réparation soit faite solemnellement et
» authentiquement à leur honneur ; qu'il soit
» pourvu, par des moyens convenables, aux
» indemnités que nécessitent leur exil, leurs
» proscriptions et les Décrets décernés contre
» eux ; que toute confiscation de leurs biens
» soit levée, et que restitution leur soit faite
» de tous les objets qui leur ont été enlevés,
» soit en exécution *de jugemens prononcés*
» *contr'eux* (1), soit à main armée ; deman-
» dant que le présent article soit *strictement*
» *et religieusement* observé par tous les Ci-
» toyens du ressort du Conseil Supérieur de
» Saint-Domingue..........................
» se réservant les Citoyens de Couleur de
» faire, dans un autre moment, et envers
» qui il appartiendra, toutes protestations et
» réclamations relatives aux jugemens pro-

---

(1) Encore faudroit-il que l'iniquité de ces jugemens fût prouvée.

» noncés contre les sieurs Ogé , Chavanes et
» autres , compris dans lesdits jugemens ; re-
» gardant , *dès à présent ;* les arrêts pronon-
» cés contre lesdits sieurs , par le Conseil Su-
» périeur du Cap , *comme infâmes et dignes*
» *d'être voués à l'exécration contemporaine*
» *et future , et comme la cause fatale de*
» *tous les malheurs qui affligent la Pro-*
» *vince du Nord* (1)..... *Accepté en ce*
» *qui nous concerne* ».

---

(1) Ceci mérite grande attention. Les hommes de Couleur déclarent donc formellement que la cause des malheurs , etc. est la justice *faite par les Tribu-naux* , d'Ogé *arrivant de France exprès* pour lever une armée , et pour obtenir par le fer et le feu , *l'interprétation* de l'article IV des instructions du 28 Mars, à l'avantage des gens de couleur. En cette déclaration , il y a deux points très-remarquables. 1°. que les *hommes de couleur seuls sont la cause de la révolte qui afflige la province du Nord ;* donc ce sont eux qui ont ameuté les atteliers *pour la cause d'Ogé , mulâtre.* 2°. Il n'y aura donc plus d'exercice de la justice dans ces malheureuses contrées , puis-qu'à force ouverte, les jugemens rendus légalement compromettront la vie des Juges. Tel est le but et la suite des prédications de M. l'abbé Grégoire.

A r t. V I I I.

» Que le secret des lettres et Correspondance
» soit sacré et inviolable, conformément aux
» Décrets Nationaux. . . . . . *Accepté.*

A r t. I X.

» Liberté de la Presse, sauf la responsa-
» bilité dans les cas déterminés par la loi. . . .
» *Accepté.*

A r t. X.

» Demandent en outre les Citoyens de Cou-
» leur qu'en attendant l'exécution ponctuelle
» et littérale des Décrets de l'Assemblée Na-
» tionale, et jusqu'au moment où ils pour-
» ront se retirer dans leurs foyers, MM. les
» Citoyens Blancs de la Garde Nationale du
» Port-au-Prince *s'obligent de contribuer à*
» *l'approvisionnement des Citoyens de Cou-*
» *leur*, pendant tout le temps que durera
» leur activité contre les ennemis communs
» et du bien public, et de faciliter la libre
» circulation de vivres dans les différens quar-
» tiers de l'Ouest. . . . . *Accepté* ».

Par l'article XI et dernier, les susdits Citoyens de Couleur, non contens d'avoir ainsi
fait impérieusement la loi *dans leur pro-*

vince par la force des armes ; non contens d'outre-passer les termes des Décrets dont ils réclament l'exécution, et de s'en *permettre l'interprétation qu'ils interdisent par l'article* Ier : « ils déclarent, en outre, que *rien* » *au monde* ne sauroit les empêcher de se » réunir à ceux des leurs, *dans les autres* » *endroits de* la Colonie, qui, *par une suite* » *des anciens abus du régime colonial* », (que veut-ils dire par-là ? Les Propriétaires Blancs, dans les Colonies, n'étoient-ils pas les premières victimes *des abus anciens du régime colonial) ?* » éprouveroient des obs- » tacles à la reconnoissance de leurs droits, » et par conséquent, à leur félicité. .... » *Accepté* ».

Si, après cette lecture, il est difficile de concevoir l'impudence avec laquelle M. Dupont affirme que les *Colons Blancs ont fait le Concordat*, il est encore plus difficile de concevoir celle avec laquelle il confond les Mulâtres, qui ont fait signer aux Habitans du Port-au-Prince le Concordat sur les cendres de leurs habitations et les cadavres sanglans de leurs frères, avec les hommes de Couleur en général, unis et fidèles aux Blancs; avec ceux qui, loin de former des *Compagnies de Noirs* sous la dénomination de *Suisses*, sont venus offrir leurs services, et en garantir la fidélité par le dépôt de leurs femmes et enfans pour ôtage.

Quant aux autres, le Concordat qui est manifestement leur ouvrage (ou celui de M. l'Abbé Grégoire) le Concordat seul détermine le jugement que l'on doit porter à leur égard.

« Je suis ennemi, s'écrie M. Dupont, des » mauvais Citoyens, pour qui *les loix de la* » *Patrie ne sont pas sacrées* ».

Comment se montre-t-il donc l'ami des Auteurs du Concordat ? Quelle loi de la Patrie a été sacrée pour eux ? A commencer par le Décret du 15 Mai, M. Dupont dira-t-il que ce Décret porte le caractère *de loi*, dans un pays où *il n'a pas été envoyé et promulgué officiellement ;* dans un pays éloigné de deux mille lieues de la Métropole, où un *faux Décret du* 13 *Décembre* 1790, *a fait massacrer* un Colonel par les soldats de son Régiment ? (M. de Mauduit) ne portant pas ce caractère, le Décret du 15 Mai devoit-il être sacré ?

Le Décret du 8 Mars 1790 a prononcé que

l'Assemblée Nationale Constituante n'entend nullement comprendre les Colonies dans la Constitution qu'elle a décrétée pour le Royaume. — Et il n'y a pas un seul des articles du Concordat qui n'excipe des Décrets Constitutionnels rendus pour le Royaume.

Ce même Décret du 8 Mars, *prend les Colons et leurs propriétés sous la sauvegarde spéciale de la Nation ; déclare criminel envers la Nation quiconque travailleroit à exciter des soulèvemens contr'eux.*

Cette loi a-t-elle été sacrée pour les Auteurs du Concordat? Ce Concordat (article 6) parle-t-il ou ne parle-t-il pas *de prise d'armes, d'opérations récentes,* etc. pour l'événement desquelles les auteurs du traité stipulent en *vainqueurs qu'on ne pourra exercer contre eux aucune action ?* Quelle analogie une semblable conduite a-t-elle avec ce Décret fondamental du 8 Mars et celui du 12 Octobre 1790, ni avec aucune loi? Que peut dire enfin M. Dupont de la menace de se réunir, sans que *rien au monde (par conséquent, pas même la loi) puisse les en empécher,* à ceux d'une autre Province, qui ne recueilleroient pas les mêmes fruits qu'eux du Concordat (1).

____

(1) Voyez l'article II du Concordat.

Quelle loi, en un mot, les gens de Couleur du Port-au-Prince ont-ils suivie ?

Est-ce celle du 12 Octobre ? L'Assemblée Nationale y déclare la *ferme volonté de ne rien statuer sur l'état des personnes que sur la demande expresse et formelle des Assemblées Coloniales.* — L'Assemblée Générale *étoit à peine formée au Cap*, que, sans attendre qu'elle ait rien proposé à *l'égard de l'état des personnes,* les Citoyens de Couleur le fixent à main armée, en incendiant et massacrant de toutes parts. Le Décret même cité dans le Concordat, celui *qui défend d'interpréter les Décrets,* y est-il observé ? L'article IV des instructions du 28 Mars *n'y est-il pas interprété ?* Et que M. Dupont ne pousse pas la mauvaise foi jusqu'à prétendre qu'il n'est pas question *d'interprétation,* mais d'une *demande d'exécution ;* je le confondrois par un dilème auquel je le défie de répondre.

Ou l'article IV de l'instruction du 28 Mars est un *Décret formel et positif,* ou il n'est, pour ainsi dire, qu'une pierre d'attente, que l'expression d'un vœu.

S'il est un Décret positif, pourquoi l'Assemblée Constituante a-t-elle rendu successivement ceux du 12 Octobre , du 15 Mai 1791, et enfin celui du 24 Septembre ? « *L'article I V des* » *instructions* (auroit-elle alors prononcé) » *fixe la question :* les titres d'éligibilité *de* » *toutes personnes* aux Assemblées Admi- » nistratives , y sont décrétés ; par conséquent, » les hommes de Couleur , libres , n'ont pas » besoin d'un nouveau Décret qui détermine » leur état civil et politique ».

Si , au contraire , cet article n'est qu'une indication , s'il n'est enfin , comme son titre l'indique , qu'une *instruction* (chose très-dif-férente d'un *précepte)* qu'une instruction qui ait été développée par le Décret du 15 Mai , n'est-ce pas *interpréter la loi* , n'est-ce pas lui donner un sens précis , qu'elle n'a pas , que d'en devancer même la promulgation formelle, que d'en poursuivre, à force ouverte, l'exécution , avant qu'elle fût fixée et connue officiellement ?

Quelle citation de loix qui n'aient pas été sacrées aux Citoyens Blancs , M. Dupont pla-cera-t-il à côté des citations que nous venons de faire, relativement aux hommes de Couleur ?

Avec quelle amertume on se replie sur soi-même, après une telle analyse des faits les plus clairs !

(32)

Et c'est pour repousser la calomnie et l'imposture qu'on se livre à ce *dangereux* travail !

Oui, la calomnie, oui, l'imposture ! Quelle preuve en peut-on donc désirer, autre que *l'abnégation de toutes preuves, toutes absolument* de la part de M. Dupont ? Depuis quand accuse-t-on de crimes atroces, sans titres qui attestent le fondement de l'accusation ? Depuis quand taxe-t-on hautement *d'incivisme, — de lâcheté, — de cruauté, de perfidie,* etc., en un mot, de la complication de tous les forfaits des plus vils scélérats, un peuple entier de Citoyens François, sans constater *une seule* des imputations par *une seule* pièce justificative ? Pas un Procès-Verbal, pas un acte authentique, M. Dupont ne produit rien que ses imprécations.

Eh ! quel besoin ont-ils d'autres moyens, nos traîtres persécuteurs ? *L'accusateur public est muet, et les loix sont inactives devant la calomnie,* les coups deviennent donc infaillibles, selon l'évident calcul de ceux qui l'exercent.

Législateurs ! se peut-il que vous vous endormiés sur ces vérités qui ont déjà coûté, et qui couteront la vie à tant d'hommes, si vous ne faites une prompte justice ?

M.

M. Dupont se garde bien de traduire devant les tribunaux, aucun Colon, aucun de
ceux qu'il traite comme des traitres à la patrie
et aux loix.

Comparez seulement sa manière de pro-
céder avec celle de M. Roustan; dans l'un,
le noble caractère de membre de l'assemblée
constituante disparoît , et vous ne voyez
qu'un folliculaire, qui injurie grossièrement
par des pamphlets. L'autre, fort de son in-
nocence, *dénonce l'ennemi des Colonies à la*
barre de l'Assemblée Nationale ; il y fait
appel au tribunal d'Orléans, et demandant
à être concurremment, avec son antagoniste,
constitué prisonnier d'état , auprès de la
haute-cour Nationale, il prouve, par cette
offre, autant que par le refus de M. Dupont,
lequel des deux a à redouter l'œil sévère
de la justice. Dans son *sanctuaire*, faute de
preuves ou de témoins, les traits de l'im-
posteur s'émousseroient, ou plutôt, ils tour-
neroient contre lui-même. — Au lieu qu'en
écrivant et en propageant ses homicides
écrits, sûr d'une impunité, déjà trop éprouvée,
il tourne ses calomnies de manière qu'on
ne puisse pas les réfuter sans courir des dan-
gers d'une espèce bien plus grave.

C

N'y répondons pas ! Notre silence sera interprété comme une adhésion, comme le signe de la confusion, et de notre propre conviction.

Répondons ! C'est pire encore : d'accusés qui se lavent de la calomnie, M. Dupont, nous travestira en accusateur et la discorde, alors, secouant de nouveau ses flambeaux, achèvera de détruire, par une guerre affreuse, l'une ou l'autre des deux classes d'hommes que tout portoit à une union indissoluble ; enfin celle qui triompheroit, finiroit par succomber, victime d'une troisième classe, infiniment plus puissante par le nombre et qui puisera la même autorisation à la rébellion dans les mêmes sources, dans ces écrits où MM. Grégoire, Dupont, etc. ne manifestent d'autre intention que de parvenir à rendre les Nègres tous libres, n'importe par quel moyen.

Quittons ces vils calomniateurs, puisque la France est sourde au cri de la justice, puisqu'elle se montre insensible à nos désastres, puisqu'elle en laisse les instigateurs impunis ; Citoyens de couleur ! C'est à vous que je m'adresse ! vous êtes tous créoles, vous avez donc, pour la plupart, de la bonne foi. Oui, j'en appelle à vous-mêmes.

Tout entre vous et nous , n'étoit-il pas un lien de concorde et de bonne intelligence, et vous a-t-on tellement aveuglés que vous puissiés le nier ?

Quels sont vos pères? — *Les Blancs.* — Au bienfait de la vie , qui a joint celui de la Liberté? — *Les Blancs.* — Vos propriétés! Qui vous les a concédées et procurées? — *Les Blancs.* Les métiers et les talents qui ont fondé vos fortunes, en grande partie, les eussiés vous acquis, si, livrés à un état assorti à votre origine, des ames bienfaisantes n'eussent pas pourvu aux frais de votre apprentissage, et quelles sont ces ames bienfaisantes? — *Les Blancs.* — Citoyens de couleurs ! fixez uniquement votre attention, snr ces grandes vérités, et dites, après, si la souche qui a poussé tant de rameaux vivifians et balsamiques, peut produire des instrumens de tyrannie ? Dites , si ceux que vous n'avez connus que comme des bienfaiteurs, peuvent se changer subitement en bourreaux.

Non, vous ne le pensez pas: je cherche en vain, dans votre concordat même, les imputations que des calomniateurs nous font en votre nom; j'y cherche des griefs réels, et je n'en trouve aucun. Qu'y dites-vous ?

« Qu'outre la privation du bénéfice des
» Décrets, lorsque vous avez voulu le réclamer,
» on vous a sacrifiés à l'idole des préjugés ».

Je viens d'analyser ces décrets avec justesse
et vérité. En est-il un seul qui ait un sens
déterminé, une assiete fixe à votre égard,
dont on ait refusé l'exécution ? Le seul décret
qui s'explique positivement, est celui du 15
mai : a-t-il été envoyé officiellement ? Les Législateurs constituans qui l'ont rendu, n'en
ont-ils pas reconnu la dissonnance avec leurs
précédens décrets des 8 Mars et 12 Octobre ?
Ne l'ont-ils pas annullé ?

Puisque *vous invoqués les déerets*, nous y
conformerons-nous ? Cela semble être votre
vœu le plus prononcé; mais oùre tomberiez-vous
donc ? Ou vous rejette le Décret du 24 Septembre, *le seul constitutionnel*, le seul où le Roi
que vous chérissez, que vous respectez à juste
titre, ait bien marqué son attache ? Qu'il est
précieux, ce Décret ! car mes compatriotes
n'en argumenteront pas contre vous; mon
cœur m'en est garant (1); ils ne cesseront

---

(1) Oui, prenez pour garant ce cœur qui a dicté
à ma plume ces expressions consignées dans un ouvrage imprimé.

de se montrer là bas vos peres, comme ici nous sommes vos seuls vrais amis.

« On exerçoit, dites-vous, un abus incroya- » ble des loix et de l'autorité du gouvernement contre vous !»

Mais avant d'exercer l'abus des loix, ne faut-il pas qu'elles existent ? Où étoient-elles donc ces loix , consacrées par une promulga-tion légale et officielle, dont les colons blancs aient abusé ? Citez. . . citez, vous qui parlés au nom de la justice et de la loi : n'imitez pas vos faux amis, qui ne faisant aucune ci-tation vraie, ne risquent rien à se livrer, de loin, à des déclamations qui minent petit-à-petit les colonies. En répétant ces déclama-tions, vous creusés vos tombeaux ; vous sapés les fondemens de vos propriétés , puisque leur unique but est de favoriser aux Nègres

---

» *Quand nos grandes Assemblées seront formées* , » gardons-nous d'en douter ; on pèsera dans sa jus-» tice, ce qu'est un propriétaire homme de couleur. » Sa propriété seule n'est-elle pas un titre d'ad-» mission aux assemblées primaires ? Joignons-y les » bonnes mœurs, le ton et le maintien vrai de la » subordination que j'ai connus à des Mulâtres » libres. Est-ce donc là vouloir priver les Citoyens » de couleur de leurs droits ; *est-ce les méconnoître ?*

la conquête de leur liberté, à laquelle ils ne parviendront jamais, tant que vous et nous, nous serons unis ; pouvez-vous vous aveugler si long-tems sur ces terribles vérités ?

« Les blancs, ajoutez - vous, ont exercé » contre vous un abus incroyable de l'autorité » du gouvernement ».

Eh malheureux ! n'est-ce pas là la preuve de cet aveuglement causé par de fausses suggestions ? Et qui donc d'entre nous a dirigé l'autorité du gouvernement ? Qui plus que les blancs fut victimes de ces abus ? A peine sortons-nous du joug de fer qu'exerçoient les *Marbois*, les *Lamardelle*, sous la direction d'un *Ministre despote*. Entr'autres actes de tyrannie, on nous a enlevé, ainsi qu'à vos freres de la province du Nord, notre tribunal. On nous a forcés à aller chercher à grand frais la justice à 60 lieues de nos foyers. Cela est - il vrai ? Et lorsque nous gémissions nous-mêmes sous le poids de l'autorité arbitraire, c'est à nous que vous reprocheriez sérieusement d'en avoir exercé les abus !

En France même, (pourquoi vos regards ne peuvent-ils y pénétrer et voir ce que vous révèle ma plume qui ne connut jamais l'imposture) en France, *les Citoyens ont à peine*

*développé l'exercice de leurs fonctions ad-
ministratives*, et plus de huit millions d'hommes
n'y en ont aucune, malgré la prétendue égalité des droits de l'homme. Si tout est encore
dans l'anarchie en France; à Saint-Domingue,
quel exercice déterminé d'administration
avons-nous eu jusqu'à présent ? Les bases de
nos droits nous sont encore contestés par nos
ennemis d'Europe. Quel réglement stable de
police, quelle organisation des pouvoirs mili-
taires et judiciaires, quelles répartitions de
contributions publiques citeriez-vous , où vos
intérêts aient été blessés par l'administration
des Colons Blancs ? Citez. — Quelles atteintes
ont-ils voulu porter à vos propriétés? Citez....
citez. Mais vous serez trop équitables pour
arguer de quelques *faits particuliers*, mo-
tivés par quelques desseins séditieux, en un
mot , par quelques causes particulières; gé-
néralisons ; parlons des masses ; examinons
les droits et les intérêts des deux castes.

Si vous ne pouvez pas articuler que, pour
nos propres intérêts, nous ayons eu l'exercice
de nos droits, ni qu'aucune loi, d'aucun genre ,
ait été exclusivement faite par nous et solidement constatée; si vous pouvez encore moins
alléguer aucun attentat positif d'autorité contre

vos intérêts les plus chers, *contre le maintien de vos propriétés et votre sûreté individuelle*, combien vos ames sensibles ne doivent-elles pas éprouver de remords, si vous lisez jamais ce que trace ici la main d'un ami, d'un ami qui est aussi celui de la vérité. Voyez-la donc cette sainte vérité, non dans les clabauderies de nos persécuteurs, mais dans les faits dont vous êtes environnés : je ne m'arrêterai qu'à celui *d'un Congrès à Saint-Martin*, parce que M. Dupont a le front de le citer et de s'en faire une arme contre nous.

Dites-moi donc s'il est possible, vraisemblable même, que vos pères, habitans en France, qui ont demandé une Assemblée de Commissaires de toutes les Colonies Françoises en général, uniquement *afin de régler votre sort et de vous donner un état politique ;* est-il possible, dis-je, que ce Congrès, dans une Isle neutre et à l'abri de toute intrigue, ait été projetté *pour vous sacrifier à l'idole du préjugé, et pour exercer contre vous des abus incroyables de la loi ?* Non, vous ne le croyez pas ; et quelle route aurions-nous donc prise pour parvenir à cet odieux résultat ? *Y faire intervenir l'Assemblée Nationale, lui demander qu'elle décrétât ce*

Congrès ! N'étoit - ce pas nous soumettre à tout le poids de son indignation, si nous avions trompé son attente et changé un Comité de bienfaisance en une assemblée de tyrans ? Ce qui y auroit été statué devoit-il y prendre tout de suite le caractère de loi ? Non : ce saint caractère étoit réservé à l'Assemblée Nationale. *Les Députés de toutes les Colonies s'étoient réunis au Comité Colonial, et par son organe, ils stipuloient que l'expédition des Procès-Verbaux et des décisions du Congrès partissent de Saint-Martin même, pour France, sans toucher à aucune de nos Isles ;* ainsi, la ratification et la décision appartenoient exclusivement à l'Assemblée Nationale : avouez-le donc, malheureux et aveugles instrumens d'une secte fanatique qui a juré notre commune perte, avoués-le ; ce n'est pas avec cette authenticité, avec ces manières franches et loyales que procèdent la perfidie et l'atrocité : voyez quels chemins obscurs et cachés ont pris ceux qui ont armé vos bras parricides. Voyez seulement comme l'intromission du malheureux Ogé, dans la Colonie, a été furtive et voilée. Un missionnaire de la vérité et de la loi se dérobe-t-il ainsi à tous les regards ? Et puisque dans votre

Concordat (dont, j'ose vous le prédire, vous finirez vous-mêmes par proscrire et abhorrer la majeure partie), puisque vous faites mention d'Ogé, comparez la marche que l'Abbé Grégoire, M. Joly, etc., lui ont tracée, *et qu'il a suivie*, avec celle que les Députés de la Colonie ont tenue, relativement au Congrès de Saint-Martin, auprès du Comité Colonial : toutes deux tendoient au même but, *à vous assurer un État Politique :* à qui doit-on et peut-on donc attribuer de bonnes intentions, ou de ceux qui cherchent le plus grand jour, ou bien de ceux qui fuient la lumière ? Je vous en fais juges.

Abjurez votre erreur, j'en oublie, et sûrement mes compatriotes m'imiteront, les horribles effets dont j'ai été plus qu'un autre la victime. *Abjurez votre erreur ; elle vous est pardonnée, car elle ne part point de vous ;* eh ! l'histoire du monde entier n'est qu'un long enchaînement de ravages occasionnés par le fanatisme. Comment des ames foibles et novices auroient-elles résisté à la voix d'un prêtre, attestant, sans pudeur, l'éternelle justice, et vous écrivant avec hypocrisie.

« Dieu, dans sa tendresse, embrasse tous
» les hommes : son amour *n'admet de diffé-*

» *rence* que celle qui résulte de l'étendue des
» vertus (1) ».

Citoyens de Couleur ! Vous, propriétaires
d'esclaves, vous dont ces esclaves sont la principale et presque l'unique fortune ! Réfléchis-
sez où tend cette phrase. A n'admettre point
de différence entre vos nègres et vous. Ai-je
donc tort de vous dire que vos droits et vos
intérêts sont bien loin d'être le but des prédications de M. l'abbé Grégoire ?

Reconnoissez maintenant combien il blesse
la vérité : voici ce que j'ai répondu , par la
voye de l'impression , à cette phrase menson-
gère.

. » Dieu embrasse très - différemment tous
» les hommes : il admet entr'eux , d'énormes
» différences , et notamment celle qui existe
» entre l'esclavage et la liberté. En ministre
» de la religion , M. l'abbé Grégoire devoit
» ne pas perdre de vue la Genese , le plus
» sacré de nos livres saints ; on y lit , chapi-
» tre XLVII, verset 18 et 19 : *Et nos et terra*
» *nostra tui erimus. Eme nos in servitutem*
» *regiam. . . . . Emit igitur Joseph* ».

---

(1) Lettre de M. l'abbé Grégoire , du 20 Juin
1791 , aux Citoyens de couleur , etc.

Ce qui signifie littéralement :

» Il ne reste rien auprès du Seigneur que
» nos corps et nos terres. Achetez-nous pour du
» pain , nous et notre terre , nous t'appartien-
» drons; nous serons serviteurs - esclaves du
» Roi Pharaon . . . . Joseph les acheta donc «.

Citoyens de Couleur , ô mes amis ! Je ne
vous demande que de chercher la vérité.

Faites - vous présenter l'Ecriture - Sainte :
vous verrez si la vente des hommes , si l'esclavage , qui constituent une différence si
énorme entre des hommes , n'y sont pas consacrées par ces paroles du texte sacré. Vous
reconnoîtrez alors une partie des mensonges
avec lesquels , en attestant irréligieusement
le saint nom de Dieu , l'abbé Grégoire a fas-
ciné vos yeux.

Ouvrez les enfin à la lumiere , ô mes enfans ! Je vous ai représenté combien vous vous
éloigniez de la vérité par le compte inexact
que vous avez rendu , dans le Concordat , de
ce que , par le passé , vous , et nous - mêmes
nous avons été ; de ce que , pour le présent,
nous sommes politiquement. Ce n'est plus par
le Gouvernement , c'est par une multitude
ignorante de nos localités et de nos convenances , que nous sommes tyrannisés.

Mais le passé et le présent ne sont rien : c'est l'avenir qu'il vous importe d'envisager, sans les prestiges du mensonge. Quelques réflexions donc, sur cet avenir, et je finis.

Citoyens de Couleur ! Je vous le demande, répondez avec toute l'intégrité de votre bonne foi.

Pensez-vous que la cupidité, que la soif de l'or des Européens, qui a, lors de la découverte de vos contrées, sacrifié tant de millions d'Indiens en Amérique, pensez-vous, dis-je, que cette cupidité renoncera aux trésors que nos riches productions territoriales font circuler en Europe ? Non, sans doute, vous ne le croyez pas.

Dites - moi donc maintenant : qu'est votre caste ? *Un Peuple dé vingt mille hommes*, supposons ! — Qu'est la caste des Noirs ? Supposez-la de quatre cents mille têtes à Saint-Domingue. — Qu'est la nôtre ?

Ici, je veux bien même perdre de vue ce qu'elle offre d'individus à vos yeux ; mais n'avons-nous pas derrière nous (ce qui vous manque totalement) *vingt-quatre millions d'hommes , rien qu'en France* , et si ce nombre prodigieux de François ne suffisoit pas, chaque Nation de notre vaste continent, *pour qui les denrées coloniales sont devenues des objets de première nécessité*, ne reproduiroient-ils pas de nouvelles armées pour vous exterminer ?

Je ne vous en dis pas davantage, mes amis : vous avez de l'intelligence ; je vous laisse donc étendre vos réflexions sur ce triste canevas.

Ah ! j'en vois d'ici l'effet ; la vérité agit. Vos cœurs sont émus ; livrez - vous à ces mouvemens.

Eh bien ! quand je vous disois *que vous finiriez par détester et* proscrire ce Concordat, qui n'est qu'un ramas éblouissant de phrases empruntées, non de la raison, non de votre expérience, non *de votre intérêt vraiment bien entendu ;* mais des rapsodies de nos ennemis communs les prétendus amis des noirs ; rapsodies auxquelles vous ne pouvez pas réfléchir sans voir la vérité altérée à chaque page, à chaque ligne.

Déchirez ce fatal Contrat : ce n'est plus la violence qui doit dicter les traités entre les Citoyens Blancs et vous : c'est une concorde parfaite, prescrite par *notre intérêt mutuel et inséparable.* Réfléchissez-y bien, car je ne vous demande rien qui ne soit et ne doive être appuyé de la réflexion, mais de cette réflexion puisée dans les faits et dans toutes les circonstances qui vous entourent.

Qu'aurez-vous à dire contre cette proposition , si les Blancs vous ont montré l'exemple à la réception et promulgation officielle du Décret du 24 Septembre 1791 ? Devenus alors *les arbitres de régler légalement votre sort, concurremment avec le Roi seulement ,* s'ils ont accordé plus à votre caste entière que le Décret du 15 Mai ne lui accordoit; si vous contribuez, *à égale proportion avec nous ,* aux contributions publiques ; si vous êtes exemptés des charges purement de luxe et non d'utilité générale; si enfin la sûreté individuelle de vous et de vos familles est maintenue , ainsi que celle de vos propriétés, quelle injustice n'y auroit-il pas à contester les fonctions administratives à vos pères, que l'éducation et l'étude a rendus propres à ce travail, d'où dépend cette sûreté des propriétés et des individus , qui doit être l'unique objet de vos vœux ? C'en est assez.

A ceux qui liront cet Ouvrage.

— Hommes de Couleur ou Blancs ! que la fin de cet Ouvrage intercède pour ce que son commencement a de fâcheux et d'âcre. Je l'ai entrepris ayant sous les yeux l'insultante diatribe de **M.** Dupont. Qu'il faut de vertu pour ne pas repousser les attaques avec les mêmes armes, les invectives par l'invective ! sur-tout quand on a la vérité de son côté, de l'autre, la calomnie. Mais cet exemple des effets de l'animosité est bien affligeant. — Je pardonne même à **M.** Dupont, et j'abjure ce que le malheur et l'intérêt sacré de la Patrie m'ont arraché d'offensant. — Les Citoyens de Couleur m'ont occasionné bien du mal ; m'a-t-on vu néanmoins m'exhaler contr'eux avec fiel, dans la partie de l'ouvrage qui les concerne ? Ce n'est pas faute de courage ; le ton de justice sévère qui y règne, le prouve ; mais la raison et la modération seules ont fourni les expressions. Pourquoi ? C'est que les Citoyens de Couleur n'ont pas insulté à nos malheurs. On les avoit abusés, aveuglés sur nos dispositions ; ils ont profité des avantages de la force. Qu'ils soient justes désormais, et ils le seront, je l'espère. Ils verront, ainsi que mes mal-

heureux

heureux compatriotes, dans cet écrit, des intentions pures, équitables et pacificatrices, dignes enfin d'être adoptées par eux. — Si j'ai pu contribuer à ce résultat, j'en jure devant l'Autel de la Patrie, mon travail me sera cher, et le plus malheureux des Colons deviendra l'homme le plus heureux.

PAR UN COLON.

NOTE INSTRUCTIVE.

EH ! pourquoi me bornerois-je à suivre M. Dupont dans sa carriere coloniale ? Il n'est point du-tout indifférent de le démasquer entierement, et d'instruire le public que de tels hommes, qui ont pu nuire à la France, en conjurant la perte des colonies, ne se sont mêlés en aucun genre des affaires publiques que pour y mettre le désordre le plus dangereux.

1°. Peu de personnes savoient que M. Dupont est le rédacteur du fatal traité de commerce avec l'Angleterre ; c'est-à-dire, qu'il a livré les intérêts de la France, qu'il a achevé de faire fléchir la balance du côté de la nation, qui rivalisoit déjà avec tant d'avantage contre nous dans la partie du commerce.

De deux conséquences qui en résultent, M. Dupont choisira celle qui lui convient le mieux Ou bien il n'a pas entendu la matière qu'il traitoit, et alors il est inexcusable de s'en être chargé ; ou il est criminel de leze-intérêt national.

Nous ne terminerons point cet article relatif au commerce, sans inviter le public à lire dans le logographe, à l'époque du Décret du 24 Septembre, ou dans le Journal des Débats, le projet de loix commerciales pour les Colonies, que M. Dupont a proposé à la tribune. Et il ose reprocher à la Colonie des projets d'indépendance ! Nous en appellons à toutes les Chambres du Commerce du Royaume : qu'elles disent si ces loix commerçiales n'auroient pas été plus funestes à la France que l'indépendance même des Colonies.

Telles sont les lumières qui avoient élevé M. Dupont a l'intendance du Commerce, dans un siècle d'ignorance où les moindres faux-pas en administration, sur-tout relativement au Commerce, sont autant de précipices creusés pour anéantir la prospérité de ce Royaume. On ne sait par quel côté M. Dupont y a porté plus atteinte.

Il se dit « ami des Philosophes qui veulent adoucir » les maux de l'humanité » ; et pourquoi donc, abrité sous le manteau de *l'Anonyme*, a-t-il fait circuler un libelle intitulé : *Effet des Assignats sur le prix du pain ?* écrit dénoncé le 10 Septembre 1790 à l'Assemblée Nationale, par M. Barnave ; écrit qui n'avoit manifestement d'autre but que d'armer le Peuple, de torches et de poignards, contre les riches et contre les propriétaires cultivateurs. Ce but n'est pas équivoque. On sait où le Peuple peut se porter ;

lorsqu'il est question de cherté du pain : on sera encore mieux convaincu, après avoir lu les expressions textuelles de M. Dupont, que voici :

« Ainsi, les Assignats sont bons pour *les gens*
» *riches* qui ont beaucoup de dettes à payer *au*
» *pauvre peuple,* qui voudroient du papier *tel quel,*
» (l'expression est jolie, sur-tout au moment où
» l'Assemblée Nationale décrétoit la circulation de
» ce papier) au lieu d'écus, et qui *voudroient bien*
» *encore lui vendre leur bled et leur vin le double de*
» *ce qu'ils valent..*

» Ceux qui proposent de faire pour deux mil-
» liards d'Assignats ont donc pour objet de faire
» monter le pain de quatre livres à vingt sols, et
» la bouteille *de vin commun* à seize, etc. ».

Cependant, ces Assignats ont été décrétés, et le prix de la livre de pain n'est point monté à cinq sols. Mais ce qu'il y a de plus heureux, c'est que les effets d'insurrection populaire, que M. Dupont avoit ainsi préparés, n'ont pas eu lieu, graces au vernis du ridicule que M. Barnave a jetté sur le libelle et son *Anonyme Auteur.* Lui seul au monde, a pu voiler son nom, lorsqu'il est question de parler au Peuple de deux points si importans à la tranquillité publique, *le pain* et un *supplément à la disette du numéraire.* Malgré notre juste indignation, mettons encore au nombre des bonheurs survenus à cette époque, le service signalé que la Garde Nationale, ce Corps respectable, auquel on ne sauroit prodiguer trop d'éloges, a rendu à M. Dupont, aux Tuileries, ce même jour, 10 Septembre 1790. Là, de libelliste incendiaire, il s'étoit fait orateur aussi anonyme du Peuple, sur ce même chapitre, *des Effets des Assignats sur le prix du pain.* Le prédicateur, obligé alors de se nommer *Membre de l'Assemblée Nationale*, n'en alloit pas moins, avec la pâleur de la mort sur le visage, prendre un bain dans le bassin, si la Garde ne l'avoit pas arraché à la troupe qui l'entraînoit.

3°. Nous avons encore une petite leçon à donner publiquement à M. Dupont *sur la vérité.* Ce chapitre est bien important, car nos ennemis parlent de si loin, et mettent tant d'emphase dans leurs déclamations, que nous ne pouvons nous en tirer qu'en révélant qu'ils ne cheminent que dans les sentiers du mensonge.

En proposant à l'Assemblée nationale, ses instructions sa *minorité prolongée des esclaves.* M. Dupont, a dit à la tribune, « que, l'Espagnol Colon, » excité par *M. Florida Biancha,* avoit fait une loi » qui donnoit des jours de repos aux Négresses en » proportion du nombre de leurs enfans. »

Pressé au Comité Colonial, d'attester ce fait, et de produire la source ou la citation étoit puisée; voici la réponse littérale de M. Dupont; « *je l'ai* » *lu dans une gazette.* Dame, je n'en sais pas d'a- » vantage. »

M. Moreau de Saint-Méry, alors, en plein Comité a confondu l'imposture en offrant la production d'une *adresse Royale du Roi d'Espagne, aux administrateurs de Santo-Domingo,* où il est dit, » qu'on se conformera à *la loi Françoise* des éco-

nomes-gérans, qui, *d'après un ancien usage des Co-*
» *lons, donne des jours de repos aux mères propor-*
» *tionnellement au nombre de leurs enfans.* «

Tel est l'esprit de vérité qui anime M. Dupont,
que, sur la foi *d'une gazette qu'il ne peut par même
produire*, il dépouille par un double mensonge, les
Colons François d'un acte d'humanité qui leur ap-
partient pour en revêtir les Espagnols-Colons qui
ne sont que nos imitateurs.

Voilà l'homme : tels sont aussi tous ses com-
plices.

Quel tableau par exemple l'on feroit de la vie
de M. de Condorcet ! Quelle analyse, même de
ses ouvrages de mathématique ! En cette science,
à laquelle le mot *démonstration*, est spécialement
appliqué et nécessaire ! plus on le lit, plus on se
dit, *fiat lux*, mais quel géometre assés profond
oseroit dire : *et lux facta est* : enfin, il n'a mis de
clarté que dans ses intrigues, dont le récit fourni-
roit un volume, à commencer par celle qui lui fit
obtenir le sécretariat de l'accadémie des sciences,
par l'autorité arbitraire, *dont il se déclare aujour-
d'hui, le plus mortel ennemi.*

De l'Imprimerie de la Feuille du Jour, rue de
Bondi, N°. 74, à côté de l'Opéra.